KNISTER
ALLES SPAGHETTI

KNISTER,
geboren 1952, lebt heute mit seiner Frau und drei Söhnen in Wesel.
KNISTER schreibt Bücher und macht Musikkassetten.
Verrückt, lustig und spannend. Immer!
Lieblingsfarbe: BUNT.
Lieblingsessen: Spaghetti zu jeder Tageszeit.
Hobby: In einer Rockband spielen.
Sternzeichen: Frosch oder so ähnlich.

Weitere lieferbare Bücher im Arena Verlag:
»Mikromaus mit Mikrofon« (als Arena-Taschenbuch)
»Bröselmann und das Steinzeit-Ei«
»Willi Wirsing«
»Die Reiter des eisernen Drachen«
»Teppichpiloten«
»Teppichpiloten starten durch«
»Teppichpiloten mit Geheimauftrag«
»Nikolauskrimi«
»Hexe Lilli zaubert Hausaufgaben« (Benziger Edition im Arena Verlag)
»Die Sockensuchmaschine« (auch als Arena-Taschenbuch)

Detlef Kersten,
geboren 1948, studierte Grafik-Design bei Jürgen Spohn an der
Hochschule der Künste in Berlin.
An über fünfzig Buchveröffentlichungen hat er mitgearbeitet,
darüber hinaus ist er erfolgreicher Bilderbuchautor und Cartoonist.

KNISTER
ALLES SPAGHETTI

Mit Bildern von
Detlef Kersten

Arena

Die Deutsche Bibliothek – CIP-Einheitsaufnahme

Knister:
Alles Spaghetti / Knister.
- 1. Aufl. - Würzburg: Arena, 1993
ISBN 3-401-04477-X

---

1. Auflage 1993
© 1993 by Arena Verlag GmbH, Würzburg
Alle Rechte vorbehalten
Einband und Illustrationen: Detlef Kersten
Einbandlayout: Karl Müller-Bussdorf
Gesamtherstellung: Chemnitzer Verlag und Druck GmbH,
Werk Zwickau
ISBN 3-401-04477-X

Inhalt

Eine kleine Vorspeise	7
Nudel-Ei und Nudelei	10
Die Spaghettiinsel	14
Die Spaghettikoch-Grundausrüstung	22
Spaghetti pur	28
Das Nudelmärchen	31
Käsesoße	38
Das Spaghettiforscher-Interview	40
Spaghettipfannkuchen	47
Ein schwerer Gang	52
Tomatensoße	58
Das Spaghettiseil	60
Spaghettisalat	64
Die Spaghettiflucht	66
Spaghettikuchen	71

KNISTERs Kleines Spaghetti-Überlebenshandbuch	
Die Survival-Spaghetti als Kompaß	82
Die Survival-Spaghetti als Uhr	83
Die Survival-Spaghetti als Notsignal	84
Die Survival-Spaghetti, unentbehrlich bei jeder Expedition	86
Die Survival-Spaghetti im Alltag	88
Waffe für den Großwildjäger	91

Das Spaghettilied   94

Eine kleine Vorspeise

Es gibt Leute, die essen gerne Kuchen. Andere mögen am liebsten Eis, und wieder andere essen noch lieber dicke Bohnen. Ich esse zwar auch gerne Eis oder Pommes oder Hamburger, aber am aller-allerliebsten esse ich Spaghetti. Spaghetti könnte ich jeden Tag essen.

Das war schon in meiner Kindheit so. Immer wenn meine Mutter mir eine Freude machen wollte, kochte sie Spaghetti. Wenn andere Kinder einen Geburtstagskuchen bekamen, wünschte ich mir lieber eine Geburtstags-Spaghettitorte. Doch, doch, so was gibt's, und später verrate ich euch sogar das Rezept. Manchmal waren meine Spaghettiwünsche gar nicht so einfach zu erfüllen. Mein Vater zum Beispiel weigerte sich strikt, schon zum Frühstück Spaghetti zu essen. Und ich erinnere mich noch genau, daß meine Mutter überhaupt nicht begeistert war, als ich am ersten Weihnachtstag unseren Weihnachtsbaum mit extralangen Spaghetti geschmückt habe. Damals war ich sechs und konnte meine Spaghetti schon selber kochen.

Ich nehme an, ihr eßt genausogern Spaghetti wie ich, sonst hättet ihr euch dieses Buch ja nicht besorgt. Es gibt natürlich unzählig viele Kochbücher mit unzählig vielen verschiedenen Spaghettirezepten, und natürlich hättet ihr euch auch ein Kochbuch besorgen können. In meinem Buch stehen schließlich nur meine Lieblingsrezepte, und das sind – zugegeben – weniger als in einem Kochbuch. Weil ich aber von Beruf nicht Spaghettikoch, sondern Schriftsteller bin, stehen in meinem Buch

nicht nur Spaghettirezepte, sondern auch Spaghettigeschichten – und danach müßtet ihr in einem Kochbuch wahrscheinlich lange suchen. Einige von meinen Geschichten sind übrigens ziemlich verwickelt, und ich bin mir nicht ganz sicher, ob sie nicht vielleicht ein paar gepfefferte Lügen enthalten.

Aber bei meinen Rezepten verstehe ich überhaupt keinen Spaß! Da stimmt alles! Das könnt ihr ganz leicht nachprüfen: Ihr braucht sie nur nachzukochen. – Bevor man aber Spaghetti kocht, sollte man etwas über Spaghetti wissen. Und darum heißt das erste Kapitel . . .

Nudel-Ei und Nudelei

Obwohl die Italiener sicherlich die meisten Nudeln auf der Welt verzehren, haben nicht sie, sondern die Chinesen vor vielen Jahrhunderten die Nudeln erfunden.

Der Venezianer Marco Polo brachte im Jahr 1295 nicht nur abenteuerliche Geschichten mit nach Hause, sondern auch Rezepte zur Nudelherstellung. Von den vielfältigen Nudelarten interessieren uns natürlich die Spaghetti ganz besonders.

Das Wort Spaghetti kommt aus dem Italienischen und ist vom Wort *spago = Faden* abgeleitet. Das liegt nahe, denn Spaghetti sehen ja auch wie Bindfäden aus.

Ihr findet Spaghetti, die unterschiedlich dünn und lang sind. Manchen Italienern können die Spaghetti nicht dünn genug sein, darum stellen sie sich »Capellini« her. Die sind wirklich superdünn, fast so dünn wie Haare. Die Auswahl bleibt jedem selbst überlassen. (Aber Achtung: Spaghetti mit einer

Länge von über 7,83 Meter lassen sich nur noch im Hochofen kochen.)

Die Auswahl ist groß, und manchmal kann die richtige Nudelwahl fast zur Nudelqual werden. Außer den üblichen Spaghetti, die entweder aus Weizenmehl oder Hartweizengrieß mit viel oder weniger oder gar keiner Eizugabe hergestellt werden, gibt es auch Vollkornspaghetti oder Sojanudeln zu kaufen. Sie enthalten mehr Vitamine und Mineralstoffe und schmecken auch etwas anders.

Ihr kennt sicher das alte Kinderlied:

> Spaghettilanger Hansel,
> nudeldicke Dirn,
> gehn wir in den Garten,
> schütteln wir die Birn'...

Wahrscheinlich, so denke ich, ging die nudeldicke Dirn in den Garten, um mit den Birnen auch ihr

Übergewicht abzuschütteln. Die dumme Nudel hätte lieber früher mehr Obst essen sollen, dann hätte sie später nicht so genudelt ausgesehen! Vielleicht hat sie es aber auch nicht besser gewußt; das Lied ist schon sehr alt.

Heutzutage wissen alle Nudelliebhaber natürlich, daß Spaghetti ordentlich dick machen, besonders wenn man sie sehr oft ißt. Wer also unbedingt zum Frühstück Spaghetti essen möchte, sollte wenigstens beim Abendessen für einen guten Ausgleich sorgen und Obst, Gemüse, Salate und Joghurt essen.

Übrigens soll es ja Menschen geben, die noch öfter Spaghetti essen als ich, und natürlich auch mehr. Im *Guiness Buch der Rekorde* ist der derzeitige Weltrekord im Nudelessen mit drei Kilogramm auf einen Rutsch verzeichnet. Normal-Esser werden von ungefähr 125 Gramm Spaghetti satt. Von solchen Normalessern gehe ich auch in diesem Buch aus. Ich rechne also 1 Pfund Spaghetti für vier Personen, und für vier Personen ist auch immer die Menge Soße berechnet.

So, und jetzt könnten wir eigentlich in die Küche – oder nein: Erst erzähle ich eine Geschichte . . .

Die Spaghettiinsel

Mitten im Ozean, etwas südlich von Cannellonien und etwas oberhalb von Makkaronien, liegt die Insel Spaghettianien. Schon von weitem leuchten die dottergelben, gekringelten Spaghettifelsen dem Inselbesucher entgegen. Eigentlich ist die Insel Spaghettianien ein einziger, riesiger Spaghettifelsen. Und

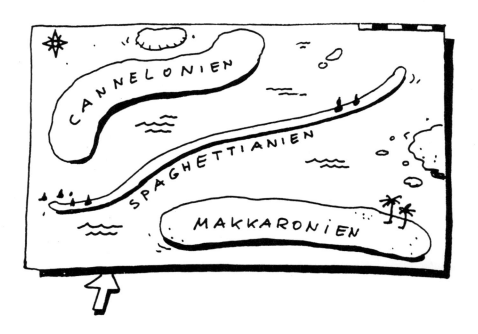

die Inselbewohner heißen Spaghettianier. Ihre Gebäude und fast alle Gebrauchsgegenstände des täglichen Lebens stellen sie aus Spaghetti her. Denn Spaghetti gibt es auf der Insel ja mehr als genug. Wovon die Spaghettianier sich ernähren, braucht darum wohl nicht erklärt zu werden, und daß ihre Kochtöpfe natürlich zu den wenigen Gebrauchsgegenständen gehören, die nicht aus Spaghetti gefertigt sind, ist auch einleuchtend.

Alfredo Spaghetti, ein waschechter Spaghettianier, saß eines Abends auf seiner Spaghettibank vor seinem Spaghettihaus, rauchte seine Spaghettipfeife und grübelte: Welche Soße sollte er zu seiner Geburtstagsfeier kochen? Es müßte schon eine besondere Soße sein, denn Alfredo feierte einen besonderen Geburtstag. Alle Freunde, Kinder, Enkelkinder und Urenkelkinder waren eingeladen. Aber wie sollte man sich auf eine besondere Geburtstagsfeier-Spaghettisoße konzentrieren, wenn nebenan zwei Nachbarn lautstark stritten?

»Ich habe dein Fahrrad nicht gegessen!«

»Doch, hast du wohl!«

»Nein, hab' ich nicht!«

»Doch, hast du wohl. Weil du zu faul bist, dir selbst

15

Spaghetti aus den Bergen zu holen, hast du einfach mein Fahrrad gekocht. Deine Schwester hat es mir verraten!«

»Die blöde Ziege! Erst mitessen und mich dann verraten! Aber wenn schon! Geschieht dir ganz recht, schließlich hast du im vergangenen Jahr meinen Rasenmäher aufgegessen!«

»Das war ja wohl was anderes, war das ja wohl.«

»Wieso?«

»Der Rasenmäher war kaputt. Du hast es selbst

gesagt. Und dann dieser ekelhafte Benzingestank! Monate-, was sag' ich, jahrelang hat er die Soße verdorben. Du kannst es mir glauben, dein Rasenmäher hat wirklich nicht geschmeckt.«

»Nicht geschmeckt, nicht geschmeckt! Meinst du, dein Fahrrad hat uns geschmeckt? Bei dem ledrigen alten Stinksattel?«

»Ich geb' dir gleich – Stinksattel, du Stink...«

»Hört ihr jetzt endlich auf, herumzuschreien!« rief Alfredo. »Wie soll mir bei eurem Palaver ein Rezept

für eine besondere Geburtstagssoße einfallen? Geht und streitet euch woanders. Sonst könnt ihr euch die Einladung zu meiner Feier von der Backe putzen.«

Kein Spaghettianier läßt sich freiwillig eine Mahlzeit entgehen. Und ein Festessen schon gar nicht, denn das Spaghettiessen geht den Spaghettianiern über alles. Darum legten die zwei Nachbarn ihren Streit schnell bei und kamen herüber.

»Wird es ein großes Fest mit einem großen Festessen?« fragte der eine.

»Welche Soße gibt es denn?« fragte der andere.

»Es wird das größte Geburtstagsfeier-Spaghetti-Supersoßen-Festessen, das Spaghettianien je erlebt hat«, sagte Alfredo selbstbewußt. »Alle Inselbewohner sind eingeladen, und selbst meine entfernten Verwandten von den Nachbarinseln werden kommen. Die Makkaroni-Macker und der Cannelloni-Clan.«

»Da wird's aber eng auf unserer kleinen Insel«, meinte der eine Nachbar.

»Wie willst du denn für so viele Leute kochen?« staunte der andere. »Einen so großen Spaghettikochtopf gibt es doch gar nicht.«

»Das mit dem Topf habe ich schon geregelt«, erklärte Alfredo. »Der Schmied wird extra einen riesigen Kochtopf schweißen. Später, nach der Feier, graben wir ihn einfach ein, und dann benutzen wir ihn als Schwimmbad. Aber jetzt laßt mich bitte allein, damit ich mir in Ruhe meine Geburtstagssoße überlegen kann.«

Da verabschiedeten sich die zwei und gingen. Drei Wochen später war es soweit. Der Festtag war gekommen. Von überall her strömten die Gäste herbei, und unter dem Riesenkochtopf wurde ein mächtiges Feuer entfacht.

Doch dann geschah etwas Unerwartetes: Wegen der übergroßen Hitze zersprang der Topf, und die kochenden Wassermassen ergossen sich ins ganze Spaghettital. Die Festgäste konnten sich glücklicherweise gerade noch in die Berge retten. Von hier aus mußten sie zusehen, wie sich das heiße Wasser durch ihre Spaghettistraßen und Spaghettihäuser kochte und ihr schönes Spaghettidorf in einen pampigen Spaghettikrater verwandelte.

Zuerst waren alle erschüttert. Aber beim Anblick der unglaublich riesigen Spaghettimassen schlug ihre Erschütterung schnell in Freude um. Sie stürmten ins Tal, und dann ging es ran an die dampfenden Spaghetti. War das ein Festessen! Und weil die Spaghettiportionen so unglaublich groß waren, hat man seit ewigen Zeiten nichts mehr von den Spaghettianiern und ihren Nachbarn gehört. Jeder, der gern Spaghetti ißt, hat Verständnis dafür: Die Spaghettianier haben einfach keine Zeit, sich zu melden, sonst würde ihr Essen kalt. Spaghetti soll man essen, solange sie noch heiß sind.

So, und jetzt können wir wirklich in die Küche gehen. Wer jetzt noch keinen Heißhunger auf Spaghetti hat, dem ist auch mit noch mehr Geschichten nicht zu helfen. Was mich betrifft, ich geh' schon mal voraus und schaue nach, ob auch alles da ist, was der Spaghettikoch braucht. Das ist nämlich erstens ...

Die Spaghettikoch-Grundausrüstung

Dazu gehören:

- ein Kochtopf
- ein Küchensieb
- Küchenhandschuhe
- ein scharfes Messer
- ein Küchenbrett und
- eine Taucherbrille mit Schnorchel.

Beginnen wir mit dem *Kochtopf*. Ihr nehmt den größten Kochtopf, den ihr finden könnt. Dann können die Spaghetti frei im Topf herumschwimmen und klumpen nicht zusammen. (Wenn ihr zufällig in der Badewanne kochen wollt, bitte vorher die Plastikenten herausnehmen!)
Zum Abgießen des Kochwassers ist ein *Küchensieb* nützlich. (Falls ihr das Sieb von eurem kleinen

Bruder aus dem Sandkasten holt, bitte vorher wenigstens die größten Gesteinsbrocken entfernen.)
Küchenhandschuhe, am besten wattierte, braucht ihr, um euch am heißen Topf nicht die Finger zu verbrennen, wenn ihr das Kochwasser abgießt. Mit den Handschuhen habt ihr außerdem alles sicherer im Griff als mit Topflappen. (Euren Wintermantel braucht ihr allerdings nur anzuziehen, falls Winter ist und euer Herd im Freien steht.)

Das Wichtigste an jedem Spaghettigericht ist bekanntlich die Soße. Oder, wie ich immer sage:

> Wer die Soße nicht ehrt,
> ist der Spaghetti nicht wert.

Und für die Zubereitung der verschiedenen Soßen braucht ihr Brett, Messer und Taucherbrille.

Mit dem *scharfen Messer* schneidet ihr die Zutaten wie Gemüse, Käse und alles andere, das zur Zubereitung einer Soße zerkleinert werden muß. (Das Zerkleinern der eigenen Finger gehört aber auf keinen Fall dazu! Darum: Vorsicht!)

Nur wer unbedingt Ärger mit seinen Eltern bekommen möchte, schneidet die Zutaten ohne Unterlage auf dem guten Wohnzimmertisch. Alle anderen benutzen lieber ein *Küchenbrett*.

Und wozu die *Taucherbrille?*

Ganz einfach – zum Zwiebelschneiden. An fast jede schmackhafte Spaghettisoße gehören Zwiebeln.

Und damit beim Zwiebelschneiden keine Tränen fließen, setzt euch einfach Taucherbrille und Schnorchel auf! (Das Anlegen von Schwimmflossen ist nur erforderlich, falls ihr schon beim Einlassen des Nudelwassers die Küche in ein Schwimmbad verwandelt habt.)
Die Spaghettikoch-Grundausrüstung ist also klar. Jetzt kann's losgehen! Das heißt, die Spaghetti brauchen wir natürlich noch. Wir nehmen, wie schon gesagt, für vier Personen

✷ 500 Gramm *Spaghetti*

Außerdem brauchen wir

✷ ein bißchen *Salz*
✷ ein bißchen *Speiseöl*
✷ ein bißchen *Butter*

und, nicht zu vergessen,

✷ Wasser.

Damit kochen wir . . .

SPAGHETTI PUR

Ihr füllt den Topf zu drei Viertel mit *Wasser* und gebt einen Teelöffel *Salz* hinzu.
Damit die Spaghetti nicht aneinanderkleben, gebt ihr außerdem einen Eßlöffel *Speiseöl* hinein.
Ihr stellt den Topf auf die passende Herdplatte und wählt die höchstmögliche Hitzestufe.
Wenn das Wasser sprudelnd kocht, gebt ihr eure Portion Spaghetti hinein.

Aber VORSICHT
vor dem heißen Wasserdampf!

Ihr haltet die Spaghetti wie ein Bündel Mikadostäbchen und laßt sie im Topf auseinanderfallen. So verteilen sie sich gleichmäßig am Topfrand.
Ihr könnt nun auf eine kleinere Hitzestufe zurückschalten, damit das Wasser nicht zu stark brodelt und spritzt. Nach und nach werden die stehenden Spaghetti in sich zusammensinken und restlos untertauchen.

Jetzt könnt ihr sie mit einem Kochlöffel ein paarmal umrühren.
Laßt sie noch ungefähr 8 bis 10 Minuten kochen.
Nicht länger, sonst werden sie zu weich.
So könnt ihr eigentlich nichts falsch machen.
Ihr könnt euch aber auch nach der Vorschrift auf der Verpackung richten.
Kochplatte aus, Handschuhe an, und jetzt nur noch die Spaghetti in ein Sieb und das Kochwasser abgießen.

Wieder VORSICHT:
Wasserdampf!

Spaghetti in eine Schüssel füllen, ein kleines Stückchen *Butter* dazu und einmal umrühren. Die Butter löst sich rasch auf, und die Spaghetti pappen nicht zusammen. Fertig!
Kenner brauchen jetzt nur noch ein Stück Butter extra für obendrauf, etwas geriebenen Parmesankäse zum Darüberstreuen – *Spaghetti al burro* nennen die Italiener diese einfachste aller Spaghetti-Delikatessen.

Nach dem Essen wäre ein Spaziergang das richtige oder – für alle, die sich mit vollem Bauch nicht gern bewegen – eine Geschichte. Ein Märchen vielleicht. Dann natürlich . . .

Das Nudelmärchen

Es war einmal ein Mann, der für sein Leben gern **Nudeln** aß. Er hieß Norbert, aber alle sagten nur Nudelnorbert zu ihm.
Nudelnorbert konnte aber nicht nur die allerköstlichsten Nudelgerichte kochen, sondern auch wunderschöne Geschichten erzählen. Die meisten Geschichten waren natürlich **Nudelgeschichten.** Es fiel ihm schwer, andere Geschichten zu erzählen,

weil er zwischendurch immer wieder an seine geliebten **Nudeln** denken mußte. Wenn die Erzählung
besonders lang war, dann wurde es für die Zuhörer
immer schwieriger, die Geschichte zu verstehen,
weil Nudelnorbert hungrig wurde – und dann hatte
er nur eines im Kopf: Er dachte an nichts anderes
als an seine geliebten **Nudeln.**
Ob ihr sein Nudelmärchen wohl versteht?

Es waren einmal zwei **Schwestern.** Die eine, die
kleinere von beiden, aß schrecklich gern **Nudeln,**
und die andere konnte Nudeln nicht ausstehen.
Die beiden gerieten sich oft in die Haare, weil sie
sich nicht einigen konnten, was sie kochen sollten.
Um nicht dauernd streiten zu müssen, kochte sich
die Schwester, die Nudeln so liebte, manchmal
heimlich ihre **Nudeln.**
Eines Tages saß sie wieder einmal traurig und allein
draußen am Brunnen und aß unbeobachtet ihre
Nudeln. Und wie sie so aß, fiel ihr eine **Nudel** in
die Tiefe. Das Mädchen stieg in den Brunnen hinab,
um ihre **Nudel** zu holen. Unten öffnete sich der
Brunnen zu einer großen, großen **Blumenwiese.**
Weil das Mädchen seine Nudel nicht gleich fand, lief

32

es über die Wiese, um dort zu suchen. Es kam an einen **Backofen.**

»Zieh uns heraus!« rief das Brot aus dem Ofen. »Wir sind schon lange gar.« Das Mädchen zog behend alle Brote heraus, lief weiter und stand bald vor einem **Apfelbaum.**

»Rüttel mich und schüttel mich! Wir sind schon lange reif!« rief es aus dem Baum. Während das Mädchen die Äpfel vom Baum schüttelte, dachte es an den leckeren Nudelauflauf, den man mit den Äpfeln zubereiten könnte. Doch jetzt galt es erst einmal, die verlorene **Nudel** zu finden.

Das Mädchen kam an ein Haus. Dort schaute eine alte Frau zum Fenster heraus. Die Frau hatte eine wahrlich häßliche **Kartoffelnase.**

»Haben Sie vielleicht meine Nudel gesehen?« fragte das Mädchen.

»Willst du dich nicht bei mir nützlich machen?« fragte die alte Frau zurück. Und weil das Mädchen sehr fleißig war, ging es gleich an die Arbeit. Es schüttelte die **Betten** und die **Kissen,** daß die Fe-

dern nur so flogen und als **Sternchennudeln** auf die Erde schneiten.

Nachdem das Mädchen so fleißig gearbeitet hatte, führte die alte Frau es zu einem großen **Tor.** Hier ließ die Frau es regnen, und das Mädchen wurde mit **Nudeln** aus purem Gold und Silber überschüttet und kam reich und glücklich zurück nach Hause.

Als nun die andere hörte, wie es ihrer Schwester ergangen war, wollte sie natürlich auch gerne reich werden. Genau wie ihre kleine Schwester. Also aß sie mißmutig einen ganz Topf voller **Nudeln,** warf siebeneinhalb Pakete ungekochter **Nudeln** in den Brunnen und stieg hinab.

Unten öffnete sich der Brunnen zu einer großen **Nudelwiese.** Das Mädchen lief über die Wiese, und schon bald kam es an einen Kochtopf.

»Gieß uns ab! Gieß uns ab!« riefen die **Nudeln.** »Wir sind schon lange al dente!«

»Wo käme ich denn da hin? Ich bin doch keine Köchin!« antwortete das Mädchen und lief weiter. Es kam an einen **Nudelbaum.**

»Rüttel mich und schüttel mich, meine Nudeln sind schon lange reif!« rief der Baum.

»Wo käme ich denn da hin!« antwortete das Mäd-

chen. »Es könnte mir ja eine Nudel auf meine Nudel fallen.« Und das Mädchen beeilte sich, weiterzukommen. Es kam an das **Haus,** aus dem eine alte **Frau** mit einer wunderschönen **Nudelnase** herausnudelte.

»Haben Sie vielleicht meine Nudel genudelt?« fragte das Nudelchen.

»Sag, willst du dich nicht bei mir nützlich nudeln?« fragte die alte Nudel zurück.

Natürlich machte sich das Nudelchen gleich an die

Nudel, weil es doch auch so genudelt werden wollte wie seine kleine Nudel. Aber schon nach ein paar Nudeln war es vorbei mit seinem Nudel, und das Nudelchen wurde immer nudeliger. Da nahm die alte Nudel das Nudelchen an der Nudel und nudelte es zu einer großen Nudel. Hier ließ sie es nudeln, daß es nur so nudelte, und das Nudelchen mußte völlig benudelt nach Hause nudeln.

Und wenn es nicht genudelt ist, dann **nudelt** es noch heute.

So geht das Märchen, das Nudelnorbert so gern erzählt. Nun ja, ich habe euch gewarnt. Aber vielleicht wollt ihr das Märchen ja auch einmal erzählen, oder einfacher noch vorlesen? Wenn ihr den Spaß und die Spannung bei euren Zuhörern noch größer machen wollt, könnt ihr ein Lesespiel mit ihnen spielen. Die Spielregel ist ganz einfach: Immer wenn im Text ein fettgedrucktes Wort auftaucht, laßt ihr eure Zuhörer eben dieses Wort raten und laut rufen. Ihr werdet sehen, das macht einen Riesenspaß. Probiert es aus! Aber jetzt wird erst einmal ausprobiert, eine Spaghettisoße zu kochen. Ich schlage vor, eine goldgelbe . . .

KÄSESOSSE

* 1 Brühwürfel
* 200 g Schmelzkäse
* 1 Eßlöffel Mehl
* 1 kleine Tasse Milch
* 250 g gekochter Schinken
* Salz, Pfeffer und geriebene Muskatnuß

1 kleine Tasse Wasser im Topf erhitzen und den *Brühwürfel* darin auflösen.

Schmelzkäse in dünne Scheiben schneiden und in der Brühe unter Rühren auf Hitzestufe 2 auflösen.

Mehl mit kalter *Milch* anrühren, in die Käsebrühe geben und kurz aufkochen lassen.

Milch langsam in die Soße einrühren und das Ganze unter Rühren nochmals aufkochen lassen.

Soße mit etwas *Salz, Pfeffer* und *Muskatnuß* abschmecken.

Schinken in kleine Würfel schneiden und in der

Soße auf Hitzestufe 1 etwa zwei Minuten wärmen.

Was man zu der Käsesoße ißt? – Spaghetti natürlich! Und wenn ihr zufällig gerade Frau Holle besucht habt und sehr fleißig gewesen seid, könnt ihr sie ja nun mit goldenem Besteck von goldenen Tellern nudeln.

Dürft ihr übrigens beim Essen auch nicht fernsehen? Ich durfte das nie. Dabei kommen zur Essenszeit die spannendsten Sachen. Neulich zum Beispiel: Ich verspeise gerade die vierte oder fünfte Portion Käsespaghetti, da bringen die ein Interview mit einem leibhaftigen Spaghettiforscher ...

Das Spaghettiforscher-Interview

Der bekannte Reporter Karl Köpke hat heute einen nicht weniger bekannten Gast im Fernsehstudio. Es ist der Autor des Buches »Von der Steinzeitnudel zur Weltraumspaghetti« und kein Geringerer als der Spaghettiforscher Professor Kartoffel-Knödel.

KÖPKE: Herr Professor Kartoffel-Knödel, ich bin stolz, daß es uns gelungen ist, Sie hier zu uns ins Fernsehstudio zu bekommen, und bedanke mich auch im Namen unserer Zuschauer ganz herzlich, daß Sie unserer Einladung gefolgt sind. Wie sicherlich die meisten unserer Zuschauer wissen, leiten Sie das Deutsche Spaghettiforschungsinstitut. Nun, was gibt es Neues aus Ihrem Institut zu berichten?

PROFESSOR: Wir arbeiten zur Zeit an mehreren Projekten. Da wäre zunächst die Entwicklung unserer Sportspaghetti. Sie läßt sich problemlos direkt aus der Tube drücken und verzehren. Praktisch vor allem für Marathonläufer, Radrennfahrer, Fußballer und überhaupt alle, die auch beim Sport auf ihre geliebten Spaghetti nicht verzichten mögen. Natürlich mit unterschiedlichen Soßen und übrigens demnächst auch für Sporttaucher. Dafür entwickeln wir gerade eine haifischabschreckende Soße, die mit dem dazugehörigen praktischen Einfüllschnorchel auch für den Unterwasserverzehr geeignet ist. Un-

sere Abteilung für Spaghettimode kommt im Herbst mit einer Überraschung heraus: Passend zur Spaghettiperücke zeigen wir erstmalig das kochfeste Spaghettihemd. Lieferbar in verschiedenen freundlich hellen Farbtönen und in allen Größen. Der besondere Pfiff der Spaghettihemden sind die eingefärbten Tomatensoßenflecken, garantiert farbecht und in keiner Wäsche löslich. Das Spaghettihemd ist gedacht für das große Spaghettiabendessen der guten Gesellschaft. Aber es ist natürlich auch geeignet für alle Spaghettießanfän-ger. Die Zeit der Schlabberlätzchen ist vorbei. Soßenkleckern ist in Zukunft kein Problem mehr.

KÖPKE: Interessant. Man darf gespannt sein. Herr Professor Kartoffel-Knödel, in Ihrem Buch »Von der Steinzeitnudel zur Weltraumspaghetti« deuteten Sie im letzten Kapitel die Entwicklung einer neuartigen Spaghetti an. Einer Spaghetti, der die Zukunft gehört. Davon hätten wir gern mehr gewußt.

PROFESSOR: Darüber möchte ich hier nicht sprechen.

KÖPKE: Aber in Ihrem Buch haben Sie doch in dem Kapitel »Die Spaghetti, die nicht nudelt« das Spa-

ghettiproblem unserer Tage selbst angesprochen und eine Lösung in Aussicht gestellt.

PROFESSOR: Von einer Lösung habe ich nicht gesprochen. Ich habe lediglich angedeutet, daß wir an einer neuartigen Spaghetti arbeiten, die nicht dick macht. Einer Spaghetti wie Kaugummi, denn Kaugummi macht ja auch nicht dick. Ideal wäre es, wenn man die Spaghetti immer wieder verwenden könnte. Doch das bereitet uns in unserem Labor noch große Sorgen.

KÖPKE: Ja, aber die Soße, Herr Professor. Wie machen Sie das mit der Soße? Sie wissen doch, daß die Spaghettisoße das Wichtigste beim Spaghettiessen ist.

PROFESSOR: Hören Sie mal! Erstens bin ich nicht Soßenforscher, sondern Spaghettiforscher, und zweitens habe ich Ihnen schon gesagt, daß ich nicht darüber sprechen will. Die nichtnudelnde, wiederverwendbare, geschmacksneutrale, spülmaschinenfeste Universalspaghetti befindet sich noch im Versuchsstadium. Und jetzt lassen Sie mich bitte nach Hause gehen, meine Frau wartet. Heute gibt es mein Lieblingsgericht: leckere, knusprige Pfannkuchen.

KÖPKE: Herr Professor Kartoffel-Knödel, ich danke Ihnen für dieses Gespräch.

Interessant, was? Dabei wußte ich bis zu dem Interview nicht mal, daß es Spaghettiforscher gibt. Inzwischen habe ich Professor Kartoffel-Knödel sogar

45

persönlich kennengelernt. Eine ulkige Nudel, kann ich euch sagen, aber nett. Und natürlich ißt er keine gewöhnlichen Pfannkuchen, sondern . . .

SPAGHETTIPFANNKUCHEN

* 10 Eßlöffel Mehl
* ½ Teelöffel Backpulver
* ½ Teelöffel Salz
* 4 Eier
* 1 kleine Tasse Wasser
* 250 g gekochte Spaghetti
* ausreichend Öl zum Backen

Mehl, Backpulver, Salz, Eier und *Wasser* mit dem Schneebesen kräftig verrühren. Mit einem Löffel prüfen, ob der Pfannkuchenteig richtig ist; er muß wie Sahne vom Löffel laufen. Ist er zu dick, etwas Wasser hinzugeben.

Gekochte Spaghetti in einem Sieb gut abtropfen lassen und in acht gleiche Portionen aufteilen.

Öl in einer möglichst kleinen Pfanne auf Stufe 2 erhitzen. Der Pfannenboden sollte gut mit Öl bedeckt sein.

Eine Portion *Spaghetti* auseinanderzupfen und vorsichtig in das heiße Öl geben.

5 Eßlöffel Pfannkuchenteig darauf verteilen. Wenn der Teig fest geworden ist, den Pfannkuchen wenden und auf beiden Seiten knusprig braun werden lassen.

Bitte VORSICHT mit dem heißen Fett!

Je nach Geschmack bestreicht man die Pfannkuchen jetzt mit Konfitüre, Apfelkraut, Honig oder anderen süßen Sachen. Natürlich könnt ihr sie auch herzhaft mit Tomaten, Zwiebeln, Champignons,

Schinken oder anderen Köstlichkeiten essen. Probiert einfach mal was aus.

Was mich angeht, mir sind sie am liebsten mit Konfitüre, Aprikosenkonfitüre genauer gesagt. Und das komischste Rezept, das ich kenne, stammt von meinem Freund, der auch Schriftsteller ist: Er ißt Spaghettipfannkuchen nur mit Blutwurst. Er schreibt Kriminalromane, vielleicht darum. Übrigens sind es unheimlich spannende Kriminalroma-

ne, die er schreibt. Leider ist bislang noch kein einziger davon gedruckt worden. Das liegt wahrscheinlich daran, daß mein Freund es nicht lassen kann, seine Manuskripte über und über mit Tomatensoße zu bekleckern. Spaghettipfannkuchen mit Blutwurst ißt er nämlich nur *vor* oder *nach* dem Schreiben. *Beim* Schreiben ißt er Spaghetti mit Tomatensoße.

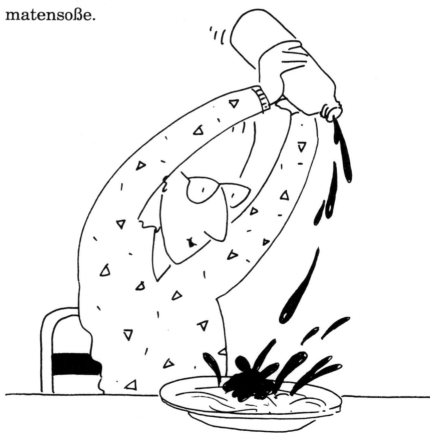

»Im Schlaf kannst du doch auch nicht essen«, sage ich immer zu ihm. Warum machst du denn nicht beim Schreiben eine Essenspause, damit man deine Texte auch lesen kann?«
Aber seine Antwort ist immer die gleiche: »Zum Krimischreiben brauche ich Spaghetti mit Tomatensoße, sonst fällt mir nix ein!«
»Und wenn du's mal mit Knäckebrot probierst?« hab' ich ihn neulich gefragt.
»Hat keinen Zweck«, hat er geantwortet. »Für einen Krimi muß es Tomatensoße sein. Und ich muß mit dem blutroten Zeug auch ordentlich herumklekkern. Verstehst du das wirklich nicht?«
»Doch, das verstehe ich schon. Aber schade finde ich's trotzdem«, sagte ich.
Doch dann ha tte ich eine Idee. In einem Spaghettikochbuch, dachte ich, stört Tomatensoße eigentlich nicht. Und so seid ihr nun die ersten Leser, die einen Tomatensoßenkleckereikrimi lesen dürfen . . .

Ein schwerer Gang

Inspektor Graven saß an seinem Schreib-
tisch und drehte sich in seinem Sessel
zu seinem Assistenten Fischer hin. "Er
muß ihn töten, hat er ~~zu~~ ~~mir~~ gesagt. Er
muß ihn töten, und wenn ich nicht zum
verabredeten Termin käme, würde ich es
noch bereuen."
Inspektor Graven stand auf und lief
unruhig im Büro der Mordkommission hin
und her.
"Aber Inspektor, Sie können nicht
ohne losmarschieren wenn
ist gegen die Dienstvor-
schift", mahnte Assistent Fischer.
"Natürlich kann ich. Das lassen Sie mal
meine Sorge sein. Schließlich bleibt
mir ja nichts anderes übrig."
Das Telefon klingelte.

"Mordkommission, Inspektor Graven." Der Inspektor verschloß mit einer Hand die Sprechmuschel und flüsterte seinem Assistenten zu: "Presse. Schon wieder dieser aufdringliche Reporter von der ██████ung." Dann wandte er sich wieder dem Telefon zu. "Nein, Herr Seifert, im Mordfall ~~von der~~ Hafenstraße sind wir noch nicht weiterge-

kommen. ███████████████████ Leiche
████ noch nicht identiffiziert. Ich
sage es ██████████████ im
müssen ihre Kollegen genauso warten wie
███████████ da ich Sie schon gerade in
der Leitung habe, die morgige Presse-
konferenz müssen wir leider auf einen
anderen Tag verlegen... Nein, ich muß
morgen zu einem dringenden Termin, der
sich nicht aufschieben läßt... Ich habe
es selbst gerade erst erfahren... Nein,
das geht Sie überhaupt nichts an!...
Das ist mir egal, und im übrigen haben
Sie mir schon genug Zeit gestohlen. Auf
Wiederhören!"
Ärgerlich knallte der Inspektor den
Hörer auf die Gabel. "Als ob ich nicht
schon genug Ärger hätte. Dieser Typ
raubt mir den letzten Nerv!" ~~Aber Herr~~
"Aber Herr Inspektor, seit wann sind Sie denn so
leicht aus der Ruhe zu bringen? Wie
soll das erst morgen früh werden? Und
Sie sind sich wirklich sicher, daß Sie

gehen wollen? O... ...ll ich nicht doch
bes... ...wir könn-
ten

"...ein, mein Entsch... ...Ich
habe keine andere Wahl. ...d kein
Sterbenswörtchen zu dem da, verstanden?" Der Inspektor deutete mit dem
Daumen auf eine Tür, die zum Büro des
Chefs führte.
"Sie sind der Boβ, ich weiß von nichts",
sagte Assistent Fischer und verließ
gemeinsam mit dem Inspektor bei Dienst-
schluß das Büro.
In dieser Nacht schlief Inspektor
Graven sehr unruhig. Am nächsten Morgen
machte er sich auf den Weg zum verabredeten Termin. Er nahm bewußt nicht
den Dienstwagen. Nach kurzer Fahrt
erreichte er das Hafengebiet und parkte
seinen Wagen neben einem Zeitungskiosk.
Haus Nummer 23. Hier war er richtig.
Mit flauem Gefühl in der Magengegend

stieg er aus und ließ kurz darauf die
Haustürglocke schrillen.
Eigentlich wäre das Klingeln gar nicht
notwendig gewesen, denn die Haustür
war nur angelehnt. Inspektor Graven
spürte, wie sein Herzschlag immer

...lur
...unangenehme
...geru... ...gegen
Moment zweifelte er, ob
umkehren... Aber dazu war es jetzt
zu spät, denn er stand dem
...über.
...großer, kräftiger Mann und...
oooo gefährliche... ...in
der Hand... ...wollen
wir mal! Sind sie also doch gekommen.
War auch wirklich vernünftig von Ihnen.
Ein Polizeiinspektor wird doch keine
Angst vorm Zahnarzt haben. Wenn ich
Ihnen den Nerv Ihres Backenzahnes erst

einmal getötet habe, spüren Sie auch keine Schmerzen mehr. Und selbstverständlich schreibe ich Ihnen gerne eine Bescheinigung für Ihren Chef, daß ich Ihnen nur einen Termin während Ihrer Dienstzeit geben konnte."

Das war er, der Spaghettikrimi. Und wer nun selbst auf den Geschmack gekommen ist und einen Kriminalroman schreiben will: An der Soße soll es nicht scheitern. Auf der nächsten Seite findet ihr das passende Rezept für alle Krimispezialisten, Vampirfreunde usw.

TOMATENSOSSE

* 1 große Zwiebel
* 2 Eßlöffel Öl
* 2 Eßlöffel gekörnte Brühe
* 1 Dose Tomatenmark (150 g)
* 1 Dose geschälte Tomaten (große Dose)
* 2 Eßlöffel süße Sahne
* Salz, Pfeffer, Oregano

Zwiebel in kleine Würfel schneiden.

Öl in einem Schmortopf auf Stufe 2 erhitzen und die *Zwiebel* darin glasig (fast durchsichtig) werden lassen.

Gekörnte Brühe, Tomatenmark und *Tomaten* in die heißen Zwiebeln einrühren.

Auf Stufe 1 zurückschalten, Topf schließen und alles 30 Minuten kochen lassen.

Zum Schluß die *Sahne* zugeben und nach Geschmack mit *Salz, Pfeffer* und *Oregano* abschmecken.

Diese Tomatensoße ist auch die Grundsoße für viele andere:

– Man kann zusammen mit den Zwiebeln *Speck-oder Schinkenwürfel* anbraten.

– Man kann 5 Minuten vorm Ende der Kochzeit eine Dose (abgetropften und kleingepflückten) *Thunfisch* dazugeben.

– Man kann statt der Zwiebeln oder mit ihnen zusammen verschiedene (kleingewürfelte) Gemüse anbraten, zum Beispiel *Karotten, Lauch, Fenchel* und *Sellerie.*

– Oder man kann mit *Kräutern* und *Gewürzen* experimentieren – der Phantasie sind da (fast) keine Grenzen gesetzt. Und daß man über Spaghetti mit Tomatensoße *Parmesankäse* streut, weiß ja nun jeder. Parmesano hieß auch der Sizilianer, der – Moment, das erzähle ich lieber von vorn . . .

DAS SPAGHETTISEIL

Wie ihr wißt, bedeutet das Wort »Spaghetti« eigentlich, wörtlich genommen, »kleine Fäden«. Wenn man viele dünne Bindfäden miteinander verdreht, entsteht ein dickes, kräftiges Seil. Genau das überlegte sich auch ein gewisser Pedro Parmesano.

Pedro saß bereits seit zehn Jahren im finstersten Gefängnisturm von Sizilien in Haft. Dieser Turm war bei allen Gefangenen gefürchtet, denn er lag zu allem Überfluß auch noch in unwegsamem Gelände hoch in den Bergen, und noch nie war es einem Gefangenen gelungen, von dort zu entfliehen. Pedros enge Zelle befand sich genau in der Turmspitze, und nur wenn er sich auf seine Pritsche stellte, konnte er durch das kleine Fenster über die wilde Landschaft Siziliens hinaus in die Freiheit blicken. Das Fenster war unvergittert, denn so hoch im Turm war ein Hinausklettern oder Hinausspringen unmöglich, es sei denn, man hätte ein sehr, sehr langes Seil . . .

Seit langer Zeit hatte Pedro jedesmal, wenn es im Gefängnis Spaghetti gab, nichts gegessen, sondern heimlich nachts die Spaghetti zu einem Seil verknüpft. Und weil es in Sizilien oft Spaghetti gibt, war nach neuneinhalb Hungerjahren Pedros Seil sehr lang und Pedros Bauch sehr dünn geworden.
Jetzt war es endlich soweit. In einer mondlosen Nacht holte Pedro sein Spaghettiseil aus dem Versteck unter der Pritsche hervor und band ein Ende am eisernen Pfosten seiner Pritsche fest. Bevor er sich abseilte, wollte er sich aber noch etwas stärken, denn er war nicht nur dünn, sondern natürlich auch schwach geworden. Also ließ er sich einen herzhaften Bissen vom freien Ende des Spaghettiseils

schmecken. Aber nachdem er den Happen heruntergeschluckt hatte, überfiel ihn ein solcher Heißhunger, daß er aß und aß und aß, und erst als er sich fast bis zur Pritsche durchgegessen hatte, bemerkte er, was er angerichtet hatte. Da wurde er sehr traurig. Neuneinhalb Jahre hatte er sich vergeblich mit Hungern gequält! Und wie er so traurig dasaß, verspeiste er auch noch den Rest seines Spaghettiseils.

Doch kaum hatte er den letzten Bissen heruntergeschluckt, da gab es einen gewaltigen Knall. Eisen barst, Gesteinsbrocken flogen, und Pedro kullerte wie eine Kugel den Gefängnisberg hinunter. Er war durch das ungewohnt viele und hastige Essen in kurzer Zeit so dick und rund geworden, daß er mit seinem Bauch die enge Gefängniszelle auseinandergesprengt hatte.

Wie? So was gibt's doch gar nicht? Da wette ich aber neuneinhalb Jahre die Spaghetti, die bei mir übrigbleiben! Davon wird zwar bestimmt keiner platzen, aber für eine Portion Spaghettisalat dürfte es reichen ...

Doch, doch, Spaghettisalat, das gibt es auch. Und auf der nächsten Seite steht schon das Rezept.

SPAGHETTISALAT

Für die Marinade:

- ✳ 100 g Mayonnaise
- ✳ 3 Eßlöffel Essig
- ✳ ⅛ Liter saure Sahne
- ✳ Salz und Pfeffer

Für den Salat:

- ✳ 250 g gekochte, kalt abgeschreckte Spaghetti
- ✳ 4 Scheiben Goudakäse
- ✳ 1 Glas geschnittene Champignons
- ✳ 1 Dose Mais (ungefähr 300 g)
- ✳ 4 feste Tomaten
- ✳ 1 Apfel
- ✳ 1 Paket aufgetaute Tiefkühlerbsen (300 g)
- ✳ 1 Bund Schnittlauch

Die Zutaten für die *Marinade (Mayonnaise, Essig, saure Sahne)* in einer kleinen Schüssel mit der Gabel verrühren. Mit *Salz* und *Pfeffer* abschmecken.

Spaghetti und *Goudakäse* kleinschneiden.

Champignons und *Mais* in einem Sieb gut abtropfen lassen.

Tomaten waschen und halbieren, die Hälften in Scheiben schneiden.

Apfel schälen, vierteln, Kerngehäuse entfernen und in kleine Würfel schneiden.

Spaghetti, Käse, Champignons, Mais, Tomaten, Apfelstückchen und *Erbsen* in eine Schüssel geben.

Die Marinade darüber verteilen, und kleingeschnittenen *Schnittlauch* hinzufügen. Alles vorsichtig miteinander vermischen und eine Stunde durchziehen lassen.

Und solange der Spaghettisalat durchzieht, ziehen wir uns noch eine Geschichte rein ...

DIE SPAGHETTIFLUCHT

In längst vergangenen Zeiten, als die Frauen noch Bärte trugen, die Häuser noch auf dem Kopf standen und die Bäume noch laufen konnten, stellte sich manchmal ein Bündel Spaghetti zusammen, um miteinander zu diskutieren.

»Ich bin es leid«, sagte die längste Spaghetti. »Was ist das für ein Leben? Ich stehe hier rum und warte schon eine halbe Ewigkeit darauf, gekocht und verspeist zu werden. Aber nichts passiert. Ich hab' die elende Warterei satt!«

»Wir auch«, stimmten die anderen zu.

Und eine besonders vorwitzige Spaghetti rief: »Ihr kennt alle den ewigen Nervenkitzel, wenn jemand in die Küche kommt. Jedesmal fragt ihr euch: Will er für mich eine wunderbare Soße kochen? Werde ich endlich lieblich dampfend auf den Tisch kommen? Oder kocht er wieder diese stinkigen, langweiligen Kartoffelknollen? Einfach unerträglich!«

»Es muß etwas geschehen! Die Menschen hier ver-

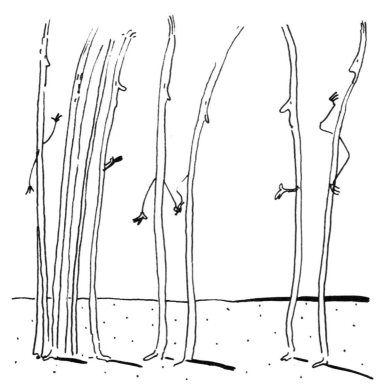

dienen uns nicht. Sollen sie doch auf ihrem Grünkohl mit Pinkel versauern. Flucht vor denen, die uns verachten! Wir wandern aus!«

Ein wahrer Begeisterungssturm brach los, und bald darauf geschah auch etwas: Die Spaghetti bauten sich ein Spaghettischiff. Die längsten Spaghetti bildeten den Mast und die Planken, die kürzeren die Decksaufbauten sowie die Spanten und die ganz kurzen das Ruder und alles, was sonst noch nötig war. Wo gehobelt wird, da fallen natürlich auch Späne, und bei einem Schiffsbau muß ziemlich viel gehobelt werden. Aber auch die kleinen, kringeligen Spaghettihobelspäne wurden mit auf die Reise genommen.

Das Schiff landete nach einer mehr als spaghettilangen Fahrt an einer weit entfernten Insel. Hier lösten sich die Spaghetti aus ihrem Schiffsverband und marschierten los, um nach spaghettiwürdigen Menschen zu suchen. Sie kamen an ein Haus, das ganz anders aussah als die Häuser in ihrer Heimat. Es hatte zahlreiche Türmchen und geschwungene, goldene Dächer. Und auch in den Häusern sah es für die Spaghetti ungewohnt aus. Die freundlich lächelnden Menschen saßen nicht an Tischen, sondern hatten sich zum Essen auf Reisstrohmatten niedergelassen.

»Wo gegessen wird, da sind wir richtig«, sagte die längste Spaghetti und gesellte sich schnurstracks zu der Runde. Die anderen Spaghetti folgten.

Die freundlichen Menschen waren verwundert über die fremdartigen Besucher und wußten nichts Rechtes mit ihnen anzufangen. Man konnte sich auch nicht miteinander verständigen, denn die Menschen sprachen nicht die Spaghetti-, und die Spaghetti sprachen nicht die Menschensprache. Da hüpften die Spaghetti einfach in die am Boden stehenden Reisschälchen, um den Menschen zu zeigen, warum sie gekommen waren.

Jetzt verstanden die Menschen. Sie nahmen je zwei Spaghetti in die Hand und balancierten damit ihre Reiskörner zum Mund. Das machte Spaß und sah sehr vornehm aus. Besonders die Frauen waren entzückt und steckten sich die langen dünnen Dinger auch noch ins Haar. Wirklich besonders elegant! Und die Kinder nahmen sich die vielen kleinen Spaghettispäne und begannen, damit Muster zu legen. So hatten alle ihre Freude, die Menschen und auch die Spaghetti, die endlich Beachtung gefunden hatten. So oder so, selbst wenn sie nicht gegessen wurden.

Wie die fremdartige Insel heißt, hat jeder sicher gleich gemerkt, denn noch heute essen die freundlichen Menschen dort mit Stäbchen, und die Frauen schmücken ihr Haar manchmal mit spaghettilangen dünnen Hölzern. Die Muster, die aus den Spaghettispänen gelegt wurden, sind inzwischen sogar zu einer richtigen Schrift geworden.

Ob das alles wirklich wahr ist? – Aber ja doch. So wahr ich KNUSTER heiße!
Habt ihr übrigens schon mal mit Stäbchen gegessen? Das ist gar nicht so schwer. Es will nur gelernt sein. Bei Spaghetti mit Soße wird es am Anfang natürlich noch ein paar kleckerige Probleme geben. Aber beim nachfolgenden Spaghettikuchen halten die Spaghetti so gut zusammen, daß ihr ihn auch mit Stäbchen essen könnt, ohne einen schwarzen Gürtel im Stäbchenessen zu tragen ...

SPAGHETTIKUCHEN

* 3 Eier
* 1 Glas geschnittene Champignons
* 150 g Schinken
* 60 g Margarine
* 100 g geriebener Parmesankäse
* 250 g gekochte Spaghetti
* Margarine zum Einfetten
* Semmelbrösel zum Ausstreuen

Zum Überbacken:

* Semmelbrösel
* geriebener Parmesankäse
* Öl

Eigelb und Eiweiß der 3 *Eier* voneinander trennen. Falls ihr das allein nicht schafft, bittet um Hilfe.

Champignons abtropfen lassen und *Schinken* in Würfel schneiden.

Margarine in einer Schüssel rühren, bis sie weich ist. Die 3 *Eigelb* nacheinander hineingeben und das Ganze schaumig rühren.

Schinken, Champignons, Parmesan und *Spaghetti* nacheinander untermischen.

Die 3 *Eiweiß* steif schlagen und vorsichtig unterheben.

Springform von 22 cm Durchmesser gut mit *Margarine* einfetten. Mit *Semmelbröseln* ausstreuen.

Nudelmasse einfüllen und Oberfläche glattstreichen.

Zum Überbacken mit einem Gemisch aus *Semmelbröseln* und *Parmesankäse* bestreuen und mit *Öl* (ungefähr einem Eßlöffel) beträufeln.

In den vorgeheizten Backofen auf die mittlere Schiene stellen.

Backzeit: 50 Minuten

Hitzestufe: Elektroherd 200 Grad, Gasherd Stufe 4

Spaghettikuchen aus dem Ofen nehmen und fünf Minuten auskühlen lassen. Dann den Rand vorsichtig lösen und den Kuchen auf eine Platte stellen.

Spaghettikuchen wird warm gegessen und schmeckt besonders gut zu einem frischen, knackigen Salat mit Tomaten.

Nach *diesem* Essen solltet ihr dann aber wirklich einen längeren Spaziergang machen! Das ist gut für die Verdauung, und nebenbei kann man auch noch die aufregendsten Sachen erleben. Das glaubt ihr nicht? Na, da könnte ich euch Geschichten erzählen! Ich behaupte sogar, beim Spazierengehen kann man in Situationen geraten, aus denen es für normale Sterbliche kaum eine Rettung gibt.

Ein Beispiel? – Bitte sehr:

Stellt euch vor: In eurer Stadt wird ein neues Kanalnetz gebaut. Ihr schaut euch die Baustelle an und fallt in einen tiefen Bauschacht. Eine üble Geschichte! Aber ihr habt Glück im Unglück. Ihr übersteht den Sturz ohne allzu große Verletzungen, nur selbst herausklettern aus dem Schacht könnt ihr nicht mehr.

Was macht ihr?

Ihr ruft um Hilfe.
PECH!! – Es ist Freitag kurz nach vier Uhr nachmittags. Kein Arbeiter ist mehr auf der Baustelle.

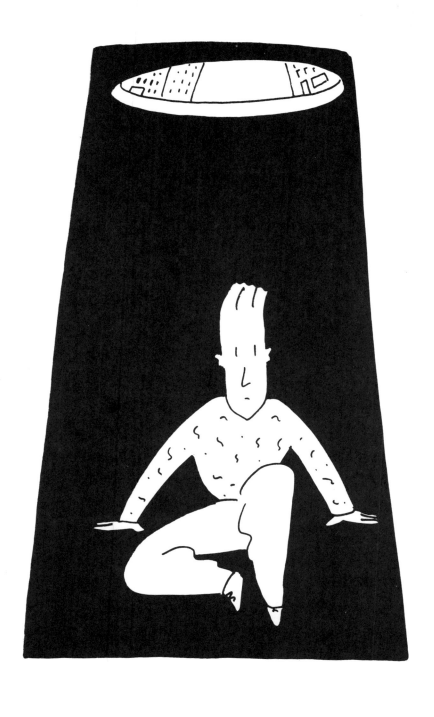

Ihr ruft weiter um Hilfe.

PECH!! – Andere Leute halten sich an das Schild »Betreten der Baustelle verboten«.

Niemand hört euch!

Ihr jammert und weint.

PECH!! – Das hilft nicht gegen Hunger!

Ihr funkt mit eurem Funkgerät um Hilfe.

PECH!! – Ausgerechnet heute habt ihr euer Walkie-talkie nicht dabei.

Ihr sagt euch, daß ihr eben übers Wochenende aushalten müßt. Und daß von zwei Tage Fasten noch niemand verhungert ist.

PECH!! – Das Wetter wird so schlecht, daß die Bauarbeiter mindestens zwei Wochen Pause machen müssen.

Ihr schießt eine Rettungsleuchtrakete ab.

PECH!! – Ihr habt euch keine Rettungsleuchtrakete gekauft, weil ihr geglaubt habt, so etwas bräuchtet ihr doch nie.

Ihr atmet tief durch und versucht euch zu erinnern, was in dem Überlebenshandbuch von Rüdiger Schneezwerg stand.

PECH!! – Dort stand, ihr sollt Ratten und Regenwürmer essen. Die sind zwar zu finden, aber ihr mögt sie einfach nicht. (Ähnliche appetitliche Ratschläge findet ihr übrigens in den meisten Überlebenshandbüchern.)

Was also tun?

Verzweifeln? Oder gar verhungern?

Aber nicht doch! ALLES PALETTI!

Ihr habt ja »ALLES SPAGHETTI«. Das habt ihr von

jetzt an immer bei euch (immer!), und wenn ihr es auf der Seite 79 aufschlagt, dann findet ihr . . .

KNISTERs

*Kleines
Spaghetti-
Überlebenshandbuch*

KAPITEL 1:
DIE SURVIVAL*-SPAGHETTI

Fast überall finden sich heutzutage Geschäfte, in denen man sich eine Überlebensausrüstung zusammenstellen und kaufen kann. In speziellen Globetrottergeschäften werden spezielle »Survival-Kits« angeboten. Sie enthalten fast alles, was man in fast allen (un)möglichen Notsituationen gebrauchen kann. Sie sind zwar recht umfangreich, aber vor

---

* *to survive* (sprich sörwaiw) ist englisch und heißt »überleben«

allen Dingen teuer und schwer. Und nicht jeder ist bereit, sich für den Transport einer Überlebensausrüstung einen Allradfünftonner oder vierzehn bengalische Lastesel oder drei Hundeschlittengespanne anzuschaffen.

Mein Tip: Vergeßt alle Survival-Gürtel, Survival-Messer, -Beile, -Tabletten, -Leuchtraketen und was es sonst noch alles gibt!

Das einzig Wahre ist die
SURVIVAL-SPAGHETTI!!

Sie ist nicht zu teuer, nicht zu schwer, und man kann sie wirklich überall kaufen.

Ob ihr bei der Auswahl eurer Survival-Spaghetti eine Vollwertnudel oder eine Eiernudel auswählt, bleibt natürlich eurem Geschmack überlassen. Ich persönlich würde aber der Vollwertnudel als Survival-Spaghetti den Vorzug geben. Durch ihre etwas dunklere Färbung ist sie ganz einfach besser zu tarnen.

Stellt euch vor, ihr werdet von Seeräubern gefangengenommen und durchsucht. So eine unansehnliche, schlichte Vollwertnudel würde euch doch sicher jeder Entführer lassen. Außerdem weicht eine Vollwert-Survival-Spaghetti nicht so schnell auf, wenn ihr sie als Notfederhalter in Cola, Möhrensaft oder Schokoladenpuddingtinte taucht.

Eure Survival-Spaghetti sollte aber keinesfalls zu lang sein, denn sie erfüllt ihren Zweck nur, wenn ihr sie auch wirklich immer bei euch tragt. (Survival-Spaghetti von zwei, drei Metern Länge passen einfach schlecht in die Jackentasche.)

Die nachfolgenden Beispiele für den Einsatz des Survival-Instruments Spaghetti sind nur als Anregung gedacht.

Im Notfall kommt ihr sicher auf noch mehr lebensrettende Verwendungsmöglichkeiten.

Die Survival-Spaghetti als Kompaß

Im Abenteuerurlaub habt ihr euch verirrt.
Ihr wißt, euer Basislager (oder die nächste rettende Pommesbude) liegt im Westen. Aber wo genau ist Westen? Keine Panik, ihr habt ja euren Survival-Spaghetti-Kompaß!
Dazu steckt ihr die Survival-Spaghetti in den (Wüsten-?)Sand, am besten zur Mittagszeit, denn da läßt sich die Himmelsrichtung am genauesten er-

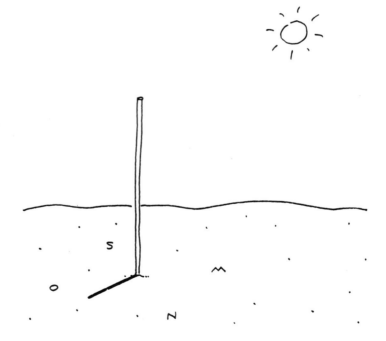

mitteln. Die Sonne erreicht dann ihren höchsten Stand und befindet sich genau im Süden.

Aber wann ist ganz genau Mittag?

Nun, wenn unsere Spaghetti den kürzesten Schatten wirft, was durch ständige Kontrolle genau ermittelt werden muß. Da die Sonne im Süden steht, zeigt der Schatten natürlich nach Norden.

Auf dem Boden markiert ihr jetzt Norden und Süden. Die Sonne wandert nach Westen und mit ihr der Spaghettischatten nach Osten. Jetzt ist es ein leichtes, an der richtigen Seite genau zwischen Nord und Süd den Osten zu markieren.

Alles klar? – Dann gute Heimreise!

Die Survival-Spaghetti als Uhr

Pech! Eure Armbanduhr gibt den Geist auf! – Sofort raus mit der Survival-Spaghetti und rasch eine Sonnenuhr gebaut!

Ihr steckt die Spaghetti etwas schräg geneigt in den Sand, so daß ihre Spitze nach Norden zeigt (siehe auch Spaghettikompaß!). Genau unter die Spitze

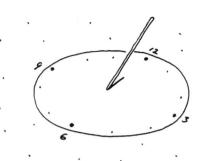

malt ihr eine 12-Uhr-Markierung. Jetzt noch das Zifferblatt um die Nudel herum gemalt, und ihr könnt die Tageszeit ablesen.

Die Survival-Spaghetti als Notsignal

Eure Eltern nehmen euch mit zur Sparkasse, um Geld abzuheben. Beim Nachzählen des Geldes findet eure Mutter zwischen den Geldscheinen sechs kurze und drei lange Spaghettireste. Draußen vor der Bank zeigt eure Mutter eurem Vater kopfschüttelnd die Nudeln, und sie wollen sie achtlos wegwerfen. Aber ihr schaltet zum Glück blitzschnell und alarmiert die Polizei. Warum?

Das brauche ich *euch* natürlich nicht zu erklären. Aber allen ahnungslosen Eltern, die vielleicht dieses Buch zufällig in die Hand bekommen. Also: Die Kassiererin hat sechs kurze und drei lange Nudelstücke unter die Geldscheine geschmuggelt. DREI KURZ – DREI LANG – DREI KURZ, das internationale Notzeichen SOS. Man kann es funken, klopfen, blinken – oder eben mit der zerteilten Survival-Spaghetti weitergeben! Und genau das hat die wahrscheinlich von Gangstern bedrohte Kassiererin mit ihrer Survival-Spaghetti getan. (Ihr seht, immer mehr Menschen sind im Besitz der sagenhaften Survival-Spaghetti!)

*Die Survival-Spaghetti,
unentbehrlich bei jeder Expedition*

Bei einer Expedition darf die Survival-Spaghetti nicht fehlen. Besonders in größeren Mengen ist sie ein verläßliches Rettungsmittel.

Die Survival-Spaghetti als Gipsverband
Bitte nicht zu heiß wickeln und vor Belastung ausreichend härten lassen.

Die Survival-Spaghetti als Notkappe
Nur als Schutz gegen Sonnen- und Bienenstich. Als Sturm- und Raufkappe ungeeignet!

Die Einsatzmöglichkeiten der Survival-Spaghetti sind praktisch unbegrenzt. Ungezählt sind die Situationen, in der die Survival-Spaghetti Leben rettete. Und sei es auch nur als herzhafter Notproviant.
Nun ist die Survival-Spaghetti natürlich, wie ihr Name schon sagt, für das Überleben in echt lebensbedrohenden Situationen gedacht.

Aber auch bei der Bewältigung ganz normaler Alltagsprobleme können ganz normale Spaghetti sehr hilfreich sein . . .

Die Survival-Spaghetti im Alltag

Wir alle wissen, der Alltag ist voller Tücken. Aber auch da hilft in den allermeisten Fällen – genau: die lange dünne Nudel. Betrachten wir ein paar Beispiele . . .

Schnürsenkel
Problem: Immer wieder gehen eure Schnürsenkel auf.
Spaghettilösung: Fädelt einfach heiße Spaghetti ein. Wenn die erkaltet sind, sitzen sie knallhart.

Ruhe am Wasserhahn!
Problem: Ihr seid im Urlaub. In eurem Zimmer tropft der Wasserhahn. Das nervt und stört euch beim Einschlafen.
Spaghettilösung: Ihr leiht euch in der nächsten Pizzeria eine fachmännisch gekochte Spaghetti. Die bindet ihr nun an den Hahn, so daß sie bis zum Abfluß reicht und das Wasser still an der Spaghetti hinunterläuft.

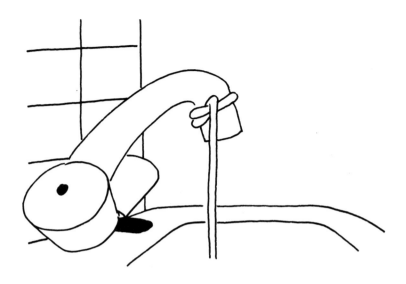

Ergebnis: himmlische Ruhe!
(Bitte nicht vergessen, nach Urlaubsende die ausgeliehene Spaghetti zurückzubringen!)

Bindfaden
Problem: Ihr habt eine Nadel, ein Hemd und einen abgerissenen Knopf.
Spaghettilösung: siehe Schnürsenkel!

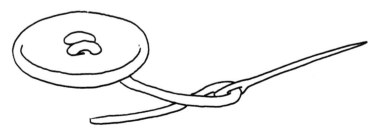

Und zum Schluß ein Tip für alle, die sich gerne feiern lassen. Und weil es mein letzter Vorschlag ist, will ich ihn etwas ausführlicher schildern ...

KAPITEL 2:
WAFFE FÜR DEN GROSSWILDJÄGER

Problem: Im Zoo bricht ein Elefant aus dem Gehege aus und jagt euch und die aufgeregten Besucher durch den Zoo.

Spaghettilösung: Ihr lockt den Elefanten unauffällig in die Nähe des Zoorestaurants. Im Lokal sammelt ihr die kleinen Würfelzuckerpäckchen von den Kaffeegedecken und verfüttert sie an den Elefanten. (Zooelefanten sind wild auf Würfelzuckerpäckchen aus Zoorestaurants!) Während der Elefant also gut abgelenkt ist, bestellt ihr hinter vorgehaltener Hand beim Kellner eine Portion Spaghetti. Bis die Spaghetti kommen, kann es besonders in Zoorestaurants eine Weile dauern. Ihr müßt also den Elefanten mit Zoorestaurantwürfelzuckerpäckchen hinhalten. Falls euch der Zucker ausgeht, tun es zur Not auch dunkle Sonnenbrillen. Die Gäste leihen

euch sicher gern ihre Brillen. (Keine Angst, der Elefant frißt die Brillen nicht! Er spuckt sie gleich wieder aus, um sie ganz vorsichtig zu zerstampfen.) Endlich bringt der Kellner die Spaghetti! Jetzt macht ihr rasch euch eine alte Dompteurweisheit zunutze:

    ELEFANTEN HABEN
    ANGST VOR MÄUSEN!

Ihr laßt eine Spaghetti halb in eurem Ärmel verschwinden, so daß sie wie ein Mäuseschwanz an eurem Handgelenk baumelt. Dann muß alles sehr schnell gehen!

Mit wilden Gebärden springt ihr auf einen Tisch und ruft: »Eine Maus! Eine Maus!«
Der Elefant hört euch, sieht den Mäuseschwanz und flüchtet in panischer Angst zurück in sein Gehege.
Ergebnis: Ihr werdet als Heldin oder Held gefeiert.
Allen, die sich gern feiern lassen und gerade keinen Elefanten einfangen mögen, rate ich: Schwingt Nudel und Kochtopf und probiert eines meiner Lieblingsrezepte aus! Das ist leichter, ungefährlicher – und der Erfolg ist derselbe.

So. Und nun ist
   Schluß,
      Ende,
         Spaghetti!
Das heißt, einen Nachtisch gibt es noch, nämlich...

Das Spaghettilied

(Melodie: Das Wandern ist des Müllers Lust)

Spaghetti essen wir mit Lust,
Spaghetti essen wir mit Lust,
Spaghe-het-ti.
Es muß mit guter Soße sein,
dann stopfen wir Spaghetti rein,
dann stopfen wir Spaghetti rein,
Spaghe-het-ti.

*Vom KNISTER haben wir's gelernt,
vom KNISTER haben wir's gelernt,
vom KNI-HI-STER.
Er sagt uns, wie man's machen muß,
dann wird das Kochen zum Genuß.
Dann wird das Kochen zum Genuß.
Spaghe-het-ti.*

*Spaghetti kochen ist nicht schwer,
Spaghetti kochen ist nicht schwer,
Spaghe-het-ti.
Wir kochen jetzt mal ganz allein,
und das wird eine Freude sein,
und das wird eine Freude sein.
Spaghe-het-ti.*

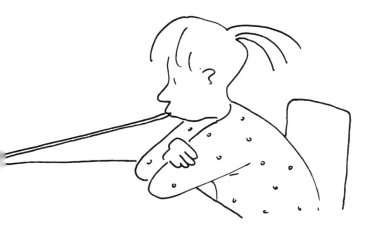

KNISTERnde Spannung

Für alle, die nach so vielen leckeren Seiten Appetit auf mehr bekommen haben, hier weitere Kostproben von KNISTER:

KNISTERs Nikolauskrimi
Die Reiter des eisernen Drachen
Bröselmann und das Steinzeitei
Mikromaus mit Mikrofon
Die Sockensuchmaschine

Arena